金浩森

人山人海裡，
你　不必
記得　我

A sea
of
people

這本書，送給我最愛的外婆。

我會帶著您的愛，一直做善良的人，

勇敢自在地生活。

目
錄

第一章
——
路途

Japan

日本

每一天，都能夠感受到這個世界的美妙，並願意分享和釋放自己愛的能量。我想，無論是過節還是平常，無論是天晴還是下雨，都是最好的時光。

鏡頭裡的每一個瞬間，
都是傾盡全力的演繹。
平凡得像每一件事
熱愛得不遺餘力。

已經記不清這是第幾次來東京了。

這一次，我住在東京一個名叫廣尾的地方，每天早上睡到自然醒，下樓在居民區街角一家麵包很好吃的麵包房裡喝咖啡、曬太陽。

這家麵包房裡，總會有住在附近的人抱著孩子牽著狗來吃早餐。店長也好像認識每一個人，笑著和他們一一問候早安。就算下一刻，這些人就要進入公司，為生計而打拚，可早上的一個牛角包、一杯咖啡，卻都得到了細嚼慢嚥、最專注的認真享用。

去年冬天在小樽，一座小到徒步就能走遍的城市，我們去尋找電影《情書》裡的場景。我用了兩天時間找藤井樹的家，一直走到沒有人煙的地方才找到。儘管如今那裡已經被火燒了，只留下三棵樹。可這份特別的紀念意義，卻讓我每次想起小樽時，都渴望再回去看看。哪怕只是再坐一次沿海的火車，再看看飄雪的大海那種無法形容的美麗。

我想，這些時刻之所以令我覺得美好，可能是因為讓我突然就不想再去在意生活中的煩瑣和枯燥，而是希望珍惜每一個早晨，每一個理應去享受的時刻。

　　許多人都說東京是個匆忙和冷漠的城市，可我卻在旅行中以一個「闖入者」的身分，在這裡收穫到一份悠閒。

　　因為在平時的生活裡，人與人之間有著密切的關聯，不前進好像就會後退，於是我們習慣了腳步匆忙、習慣講很多話，也習慣在大量訊息的衝擊下不知不覺地緊繃神經。可是在這裡，你不需要討好任何人，也不會關心別人比關心自己還多，而是能夠完全放鬆下來，專心面對自己。

　　我之前很少能有專門的時間讀書，卻會花一個下午的時間在東京的書店裡看畫冊。之前在杭州，超過二十分鐘路程我們就會覺得遠，可現在卻會為這裡一家賣杯子的店而專程跑一趟。還有日本的咖啡文化所帶來的悠閒，每個人對工作的認真敬業，這座城市裡貼心的細節……這些，都是日本帶給我難得而珍貴的收穫。

Japan

在京都一家賣瓷器的店舖裡，有陽光照射在桌子上投下光影，白色麻布門簾隨風飄動，店裡播著好聽的日文歌曲。客人不多，但每個人都輕聲細語，面帶笑容。我和文子說，這就是我心裡的日本，總能通過這些最平凡的一切，提醒我們別忘記享受生命已經賦予我們最好的一切。

哪怕只是陽光和微風，在平日的生活裡，我們都留意得太少了。

我們都在忙忙碌碌地操心自己的生計，和很多人失去聯絡，再也沒有真心安慰別人的心。有時候不禁恍惚我們這樣忙忙碌碌一生到底是為了什麼。而在日本，我突然找到了答案：去了那麼多地方，其實我們走遍世界，也不過是為了找到一條走回內心的路。

每一天，都應該去感受這個世界的美妙，並願意分享和釋放自己愛的能量。我想，無論是過節還是平常，無論是天晴還是下雨，都是最好的時光。

我們都說不能忘記過去某一段時光，
其實就是忘不掉某一個人而已。

Bali Island

峇里島

越漫長的旅程，風景越迷人。

我明白不是每件事情都有答案，
所以願意把困惑通通丟向大海。

去年一月，在美到流淚的峇里島海灘上，我們完成了一次重要的拍攝。

　　來到這座島嶼，是擔任楊冪和劉愷威婚禮的攝影師。那一天，很多人在新聞報導中看到了我和文子，但其實在拍攝的整個過程中，我們都因為格外重視這次工作而非常緊張，生怕錯過最好的瞬間，也怕漏掉精采的鏡頭。

　　好在每一張照片都令人驚喜，也讓工作結束後的我們，能夠放鬆心情，靜下來在這座島上漫遊。

　　但在此期間，因為不期而遇的緣分，我們還是為自己增加了一次拍攝工作。

　　找我們拍照的女孩叫小祺，是我們曾經在成都拍過的客人。在飛來峇里島的飛機上，我從洗手間出來時，就看到文子正和一個女孩聊天。小祺帶著父母來峇里島度假，沒想到竟然與我們坐了同一班飛機，真是驚喜的重逢啊。

這樣的緣分，讓她當即決定抽出一天時間脫離旅行團，於是我們約在了庫塔的海邊，為他們拍全家福。

拍照那天，有著非常絢麗的彩霞。叔叔一眼就認出我，他說自己在四川經營一家書店，所以看過很多我做封面的書。阿姨也很可愛，竟然會因為自己女兒「只愛學習不愛漂亮」而喋喋不休。小祺很不好意思地微笑，一家人站在海灘上其樂融融。

我們一邊拍，一邊聊天。文子慫恿叔叔親阿姨的臉，叔叔也很放得開，就大大方方親上去。那些溫馨、感人的細枝末節，都被記錄在照片裡。

那一瞬間，我突然也很想念我的爸爸、媽媽和弟弟，多希望他們也能在這裡，和我一起看這片晚霞，拍很多照片。

在我家，爸爸媽媽的性格屬於兩極分化。爸爸總是很沉默，而媽媽則是停不下來的大嗓門。從小被外婆帶大的我，讀書時因為爸媽做生意繁忙總是住校，小時候和父母不算特別親近，甚至不明白他們之間這麼大反差，兩個人怎麼能在一起生活這麼多年。

但越長大，我就越感受到親情的珍貴，也漸漸明白了他們的艱辛和偉大。

記得讀中學的時候，弟弟還小，爸爸因為做生意投資失敗，欠了很多錢。家裡的經濟狀況一下子有了巨大的變化。那時正值青春期的我，有著莫名其妙的自尊，覺得這是件很丟臉的事情，也就不想讓他們來學校看我。

可媽媽什麼都沒有跟我說，而是瞞著我和弟弟，放下之前老闆娘的身分，每天去給別人打工，賺取很少的收入來貼補家用。其實

到現在，我都無法想像那時的她究竟忍受了怎樣的辛苦和煎熬，可是她卻從來都沒有讓我和弟弟在生活上受過一點委屈。

媽媽的這份豁達，還有能屈能伸的精神，其實都是愛我們的方式。所以也讓我如今每當想起，依舊很自責。

媽媽做事效率很高，每天從早到晚能做很多很多事情，她把家打理得越來越好。上大學時，家裡的情況也慢慢恢復過來。她從不覺得苦，好像在人生的任何一個階段裡，她都能找到自得其樂的方式，懷著寬廣的心胸，一秒就能呼呼大睡。但她有時候也單純善良得像個小孩，會在朋友找她借錢時一口答應下來，哪怕自己得再去找人借錢也要幫助朋友。

至於和爸爸相處，則是另外一種方式。每當我要做什麼重大決定時，也會去問問爸爸的意見和建議。可他常常都只是表面嚴肅地回答幾句，好像並不參與意見，卻等過一陣子，又偷偷和媽媽商量，然後再通過媽媽的嘴來表達對我的關心和愛護。

轉眼之間，已經長大這麼多年了。

如今我依然還記得小時候家鄉的樣子，那裡有著成片的稻田和清新的空氣。那時候根本不知道自己長大後要做什麼，會去哪裡，如今卻已經一個人在外打拚了好幾年。有時候會突然想家，就從杭州開車回去，賴在家裡，醒了曬曬太陽，聽大嗓門媽媽嘮嘮叨叨。看她只因為我說想吃楊梅，就早上五點跑去市場上買最新鮮的回來，或者是買了很貴，但其實品質很差的螃蟹，然後怕爸爸知道了罵她，不准我說出來。

所以有一次我在微博上說：很想告訴那些和父母一起生活的朋友們，不要埋怨父母的嘮叨和代溝，等你有一天離家萬里，你就會覺得這平淡無味的一切原來是那麼珍貴。

因為這些微不足道的小事，都是與家有關的最大的幸福與滿足。

所以啊，看著小祺和父母在旅途中不停大笑的畫面，我忍不住感慨，趁著年輕，趁著還有能力，真應該多帶父母出去走走。更何況前不久，媽媽還假裝輕描淡寫地說：「我和你爸也沒什麼事，就去把護照辦好了哦。」我猜，他們也一定很期待能和我一起去旅行。

說不定不久之後我們真的會再一起回到峇里島。那時，希望還能看到這麼美麗的彩霞，然後，我再把這些心情，都講給他們聽。

絕不能因為
現在沒有愛
而不相信愛。

Vietnam

越南

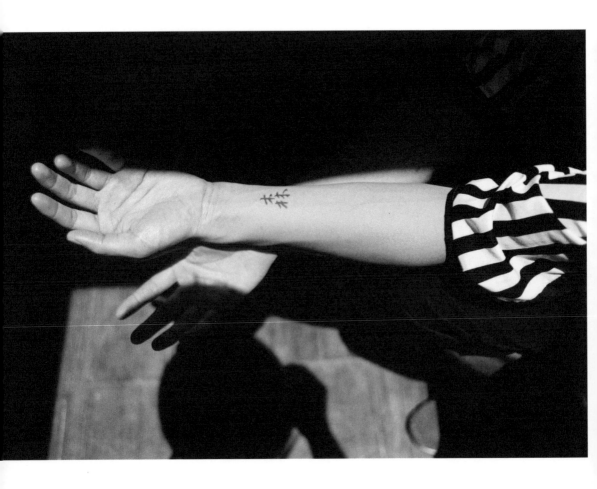

一定會有一個人
是因為你而來到
這個世界上。

經歷多少人,看清多
少人,到最後時光卻
是最好的安慰。還握
在手上的就是最溫
暖、最珍貴的東西。

去年冬天我發過一條微博，我說：如果一定有一個地方是我獨自旅行的話，我想我會選擇大叻。因為對我來說，這裡裝載了太多與友情相關的畫面，所以即便一個人重歸這裡，也不會覺得孤單。

　　二〇一三年春節剛過，我和文子約上NY、GW，在新的一年工作開啟之前，幾乎是強制性地給自己留出了幾天時間的假期，在越南會合。這是我們四個人的第一次出國旅行，從大家聚在一起的那一瞬間，就像極了青春時期同學之間的旅行，放下平日的忙碌，回歸到最輕鬆愉快的狀態。

　　越南很美。在電線杆於天空中不斷交錯的陌生小鎮裡，雨後有絢麗的彩虹。可我們這群人的玩法，聽起來特別無趣。起初，我們四個人總在街上走來走去，成為路邊喝咖啡的人眼裡的風景，但很快，我們就成了那個坐在路邊喝咖啡的人。我們不去任何知名景點紮堆，除了吃就是拍照。白天我們睡到自然醒，然後租自行車，到海邊騎車，看到喜歡的店就停下來喝杯咖啡或吃點東西。晚上大家躺在房間裡聊心事直到睡著，卻心滿意足，覺得這樣才是最好的旅行。

　　和這些生命中重要的朋友一起旅行，讓每一件簡單的小事，都有大笑的理由。每天睡前我們都強烈感覺笑到臉都累了，給彼此錄搞笑影片，然後給正在拍戲的付曼發訊息，多希望她也能在這裡。

　　有一天下午，我們想在瀑布中拍一組很棒的照片，臨時需要斗篷，可跑到附近的市場卻怎麼都買不到，便提議去扯一塊紅布來拍。瀑布的水冰涼至極，我躺在裡面，還要展現出享受的表情。當時凍得不行，也充滿挑戰性和考驗，好在最後成片的效果受到了很多人的喜歡，也成為這趟旅行中一份重要的紀念品。

　　在越南，文子曾給我拍過一張照片，是我朝著海浪呼喊的樣子。那是上一次來這裡的時候，我騎著車一路沿著稻田走發現的一

個海灘。那一天，海邊一個人都沒有，我站在無人的沙灘上，面朝翻湧的海浪和黑壓壓的烏雲，感受到特別強烈的震撼。

於是這一次，我特意帶上大家想一起再去看看。可不過三年的時間，這座城市已經發生了翻天覆地的變化。那片無人的沙灘，如今擠滿了沙灘椅。人潮湧動，再也沒有了當時令我念念不忘的那種美麗。可是還好，因為好朋友在身邊的緣故，依然讓這趟旅行充滿了值得回憶的快樂。

來到杭州，已經兩年多了。工作室的日常事務慢慢穩定了下來，我也有了更多獨處的時間。

有時候會突然想起這段單純的旅行，想念河內街邊的冰咖啡、芽莊的海、大叻的雲和美奈的沙漠。這些熱鬧的時刻，好像離得很遠，又好像已經過去了好多好多年。

夏天時，和FM一起到大理旅行。在客棧面朝洱海的露臺上，我們聊起天來。我說，從前因為害怕分離，所以總希望朋友們都能生活在一起，希望一切永遠都不要變。可是現在才明白，也許成長的道路上，我們會和一些人走散，在獲得新朋友的同時，也會弄丟一些舊的情誼。

在我心裡，愛情和友情都需要時間去考驗、去沉澱。時間可以讓你看清楚一些人，也可以讓你釋懷一些事。從不期而遇，到成為無話不說的朋友，誰都不知道有人會這樣一下子闖進你的生命裡，成為彼此珍貴的人。

可我依然相信緣分，相信時間會讓珍貴的人留在身邊，而這些過去時光中美好的旅行，也會是我們老去後，關於友誼的最好紀念。

重複抵達一個城
市，也許只為一句
「好久不見」。

好朋友就是真心陪
伴。我能做的不多，
但你需要的時候，我
隔著千山萬水，也總
是要在的。

France

法
國

讓我成為旅人，替你多看看這個世界。

不知道你是不是也有一些時刻，會突然想給很久沒聯繫的朋友打一通電話。可是，縱使你們在長大後的這些年裡很少聯絡，也很少問候，卻能在每次通話時，找到讀書時那種簡單的快樂。

　　去年夏天，我在巴黎。借著工作之便，在這座世界上最浪漫的城市裡閒逛，體會一個吃貨的快樂。雖然無法適應法餐，但去了很多很棒的咖啡館，也去了世界上最華麗的車站餐廳Le Train Bleu（藍火車）。

　　巴黎的夏天陽光燦爛。我一個人在塞納河邊散步時，想起了大學時那群最好的朋友。於是我給Ben撥了個電話，電話一接通，我們沒有任何尷尬，而是一同笑起來。我說：哎，你還記得當初我們想一起周遊世界的夢想嗎？當時你說最想來巴黎，現在我就在巴黎哦。

　　可能現在很多人都不相信，大學時候的我，雖然擔任了學校點歌節目的主持人，也在文學社寫點東西，可我性格沉默、不喜歡認識新的朋友，所以總一個人躲在教室的角落裡聽歌、畫畫。我記得去年有個學妹還跟我說，當時她們全寢室的人都覺得我很嚴肅、很不好相處，從來都不敢跟我講話。

　　那時候Ben是轉校生，就坐在我斜對面靠窗的位置。有一次我看向窗外，畫對面的樓，結果卻收到他遞過來的字條，上面畫了個大笑臉：需要我挪開一點嗎？

France

　　從那以後，我就跟這個開朗有趣的人成了好朋友。每個週末，我們都會去鎮上逛街。他知道我喜歡唱歌，而他又擅長彈鋼琴，於是我們在學校藝術節時報名參加表演，組成了一個組合，下課後便常常一起去琴房練歌。

　　那年夏天，我第一次登臺演出，特別緊張。演出那天，幾個要好的朋友都站在舞臺下方給我們加油打氣，並大聲喊我們的名字。聚光燈打在臉上，眼前白茫茫一片，我突然就放鬆了下來。我看向Ben，他開始彈奏第一個音符，我們一起完成了這場表演。

　　演出結束走下臺後，朋友們歡呼著撲上來擁抱我們，那一瞬間大家都哭了，好像完成了一件天大的事。可那種興奮，真的是青春期最熱烈的友情才會帶來的激動。

　　雖然如今大家都變得不一樣了，分散在世界各地過著截然不同的生活，很少聯絡，也很少聊天，可年少時的友情，從來都不會被動搖。我們仍然關注對方的生活，會飛往陌生的城市只為參加朋友的婚禮，會在人生重要的時刻出現在對方身邊。

　　這通電話裡，Ben和我聊起大家的近況。當時的夢想，都變了形狀。有人生了寶寶，有人成了電視節目編導，有人當了畫家，前不久還來過巴黎開畫展……而我呢，初中時學長跑，

想成為運動員；高中時學畫畫，想成為畫家；大學時學設計，現在卻成了一位攝影師，還要出自己的書。

Ben說：等你的書出來後，我一定會買很多本哦。我們笑著掛斷電話，我買了張明信片寄給了他。

回到杭州，我又投入到緊張忙碌的工作中。有一天下午，我在朋友圈發了張我披著衣服遮陽，然後拿相機拍照的工作花絮的照片。我說：好曬哦。結果沒過幾天，就收到一個陌生快遞。打開一看，裡面是一頂防曬的帽子，落款是Ben。

那一刻，我真心感慨：友情真好，友誼萬歲。

還好有相機

記錄著

我愛這個世界的

每一個證據。

Italy

義大利

有時候覺得這麼美好的時刻，多說一句都是多餘。

來到西西里島，其實純粹是因為一部電影《真愛伴我行》。西西里島位於義大利亞平寧半島的西南邊。從布拉格一路折騰到這裡，還要再開三個小時，才能到達小山城陶爾米納。

　　這裡並不是旅遊熱門地，所以網上攻略少，遊客也少。坐落在山石之上的陶爾米納，一面是懸崖，一面緊靠大海。夜晚到來時，這座小鎮的點點燈火和天上的星星連成一片，夢幻得讓人覺得彷彿到達了世外桃源。這裡緊挨著愛琴海，和希臘相隔，所以從文化古跡到旅遊設施都豐富多彩。

　　這是我第一次嘗試在國外自駕。歐洲的路很窄，我們又因為沒經驗租了輛大車，於是駕駛過程並不那麼順利。

　　有一天下午，我們逛到一家世代經營的古董店。在歐洲，有很多老舊的東西，裝有故事和歷史，等待被傳承和延續。在這家店裡，我看中了一枚印章戒指。據說它來自於一個從商的名望家族，從那不勒斯到羅馬，三代人經歷了大起大落，卻最終在茫茫商海中被淹沒。賣掉的物件分散在許多地方，只有這枚戒指和一只銀袖扣流落到了西西里島的這家店裡，而袖扣前不久已被一個澳洲人買走了。

這世界風景那麼多，慢慢走慢慢看。
想去的遠方，總會抵達。

在古董店裡，有句流傳的諺語叫「你會和該遇見的物品相遇」。於是那枚戒指被我買了回來。因為對於我來說，它不僅僅代表了一個家族的故事，也象徵著我們與這世界上萬事萬物的不期而遇。

那天，我把車開到海邊公路上，在美好的風景裡，看到了西西里島最美的樣子。這裡的海藍成了不可想像的樣子，就像網上說的那樣，好像把全世界的藍色都用在了這裡。海風吹過來，海面金燦燦地發著光。電影裡的場景，就這樣讓我也置身其中，一瞬間好像是在夢裡，不敢相信我真的就這樣來到了義大利。

這種不真實感甚至讓我有點迷信地認為，這一路走來，從未想過要去的地方，如果是生命裡該去的，那就總會慢慢走到。就像在看過那部電影之前，我連西西里島的名字都沒有聽過，可是卻因為各種各樣的原因，推動著我抵達了這裡。

包括遇見身邊的很多朋友也是這樣。

　　文子有個朋友在杭州一間民宿當店長，於是有一次，我們帶客人去那裡拍照。我很喜歡那裡的環境，覺得非常漂亮，窗外的風景也很好。很快，我們第二次又去了那裡，但是當天朋友沒在，由另一位店長Z接待了我們。拍完照，大家坐在沙發上聊天，說起我也想開一家這樣的民宿，有乾淨的空間、陽光能照進來的露臺、好喝的咖啡和酒，還有能讓朋友們坐在一起聊天的大沙發。

　　於是，身為設計師的Z，特別興奮地讓我們對比看如今漂亮的環境與最初這裡還只是毛坯房時的照片。那一刻覺得特別不可思議，非常佩服他的審美，也因此讓我們有了更多可以聊的話題。

　　我們就這樣慢慢熟悉起來，常常會分享一些很棒的網站，如今也成了最常聚在一起的朋友。夏天時，我們還一起學日語，計畫著去旅行。而當我找民宿場地的時候，也約定到時候由他來幫我們做室內設計。

　　不只是Z，還有不打不相識的那岩，從合作變成知己的付曼，從客戶變成好朋友的雅眉，因為工作關係而慢慢無話不談的小暖……其實每一個朋友，每一個工作夥伴，每一個認識我、喜歡我的人，這些不期而遇，其實從來沒有任何意外。

　　生命中到底有多少事是命中注定的不期而遇呢？遇見的每一個人，發生的每一件事，甚至我們用到的一只碗、喝的咖啡、吹的風、聽見的歌……這些不期而遇的相逢，每一個都推動我們成為今天的我們。而在這個過程中，任何一個環節變得不一樣，都會讓我們擁有不同的人生。

　　因此，也始終相信，發生在我生命裡的一切，都是屬於我的最好的一切。每一次相遇，都值得慶幸和感激。

Iceland

冰
島

就這樣一直走下去吧，去看遍這世界上所有的美麗與孤獨。

北大西洋和北冰洋的交匯處，有個漂浮在海洋上的小島，那是歐洲的最西部——冰島。

春節過後，春天來臨之前，我和文子、房凱、牧歌在北京會合，一起飛往冰島。

這趟旅行，讓我見到了或許是這輩子見過的最美的景色。在常年被冰川覆蓋的冰島上，有著無比廣闊的自然地貌。冰島整個國家只有三十萬人，路上很少能遇到遊人。可是在這裡，我們見過的每個人，都生活得非常安逸舒服，讓這裡就好像是一個天堂小島，從來沒有煩惱憂愁。

寶石藍的冰川、特別溫順親人的冰島馬，以及藍湖的溫泉……這一切，都美得令人不敢相信，也給我們留下了特別多美好的回憶。

我們在冰島租了輛車，開始了環島之旅。冬天的冰島一直都在颳狂風，一天之內，你甚至可能碰到冰雹、大雨、狂風、暴雪等無數種天氣。

在冰雪地上開車，其實是特別危險的。

我還記得有一天，我們要去另一個城市，可是雪下得特別大，酒店的人說山路已經封了，只能試著從沿海公路慢慢開。這條路，要開大概三個小時。眼前根本就看不見路，公路旁邊就是懸崖和海。你不知道前方是直行還是彎道，車子被狂風吹得甚至有點飄，不知道會不會突然打滑……我們只能慢慢開。

路上一輛車也沒有，只有我們的車行駛在冰天雪地中。大家都很緊張，也沒有人說話，窗外的風聲很大。那一刻，突然覺得死亡距離自己原來是那麼近。在天地之間，人其實是特別渺小無力的。

可我們卻也因此看到了最極致的美麗風景，以及碰到了最好心、最善良的人們。

文子曾經寫過這個故事，相信很多人都還記得。那一天，我們在深夜自駕的途中，誤加了汽油，導致柴油車熄了火，無法啟動。

我們敲開了一家人的門，請他們幫忙找人來修，他們特別好心地幫我們給附近的修理廠打電話，很快就來了一對父子，幫我們把車拖到了修理廠。

當那個叔叔發現是加錯油後，只能用嘴把汽油給引出來，中間還誤吸了好幾口，一直在咳嗽。前前後後一共忙了兩三個小時，總算引出了全部汽油後，又和兒子一起幫我們加滿了柴油。

因為語言不通，又急著趕路，我們幾個人都很焦慮，然後在這人生地不熟的時刻，產生了對陌生人的警惕。我們問要給多少錢，其實心裡早已經作好了會被敲詐的準備，可他卻出乎意料地爽朗大笑，說：這是幫忙而已，不收你們的錢，快走吧，要注意安全啊！

那一刻，因為這份旅途中陌生的善意和溫暖，讓我們對冰島這個國家產生了無窮的喜歡。臨走前，我們硬塞了一筆錢給他們，可金錢根本無法表達那一刻我們巨大的感激之情。因為當你遇到問題和麻煩時，這個世界總會循環而來一份善意，讓你收穫更多的感動。這份收穫，對我們的震撼實在是太大了。

回去的路上，大家聊起旅途中接收到的陌生的善意，每一個都很令人感動。我也講起兩個故事。

有一年去日本，叫了輛車要去一間陶藝店。司機是個老爺爺，開到大概位置後，他停下車，戴上眼鏡認真地看地圖，然後示意

在這個喧囂的世界裡，我們內心的聲音是買不到的奢華。

我坐在車裡等。他下了車，到巷子裡一家店、一家店地問。那天的夕陽下，他逆著光，影子拉得長長的，回過頭笑咪咪地和我告別。我目送他的車離開，只可惜相機沒在手邊，不然一定會記錄下那個溫暖的瞬間。

　　還有一次，我在找一間餐廳的過程中迷了路，便走進一家抹茶店喝東西。我向店主詢問路線，他停下手裡所有的事情，上網幫我查地址，然後再打電話到餐廳確認路線，在我走之前，還送了張地圖給我。結果當我到達目的地時，發現錢包不見了。我並不確定錢包是不是落在了店裡，只能試著打電話回去問，他用發音不太標準的英文一遍遍地向我解釋：是在這裡，你不用著急，慢慢回來，請放心，我會幫你保管。

　　說起來其實這些都是再簡單不過的小事，可我總是相信，你對別人好一點，就也會接收到來自別人的幫助。而正是這些善意的循環，才讓這個旅途中多了那麼多美好的回憶，也讓這個世界充滿溫暖。

要知道，什麼都失去的時候，未來還在。

Prague

布
拉
格

平凡的日子裡，
多久沒有驚喜了？
千萬別讓生活只是為了活著。

許多人對布拉格的印象，都是那些紅色屋頂的小房子。我到布拉格的時候，也是第一時間就去了山上的聖維特大教堂，俯瞰這座城市。

　　這座教堂位於布拉格城堡內，攀爬上這裡的近三百級階梯，就可以抵達最高處的塔頂。那裡有個觀景臺，可以看到布拉格最令人震撼的百塔美景。

　　夕陽時分，在觀景臺上，有個穿婚紗的女孩，臉上帶著幸福的微笑，在逆光中跑向新郎。幾乎所有遊客都心懷祝福地望向他們，感受著這陌生愛情的甜蜜和美好。

　　曾經，有個年輕的男孩也差一點就能擁有這樣的幸福，可是，每一段青春，都總會有遺憾和傷心。

　　高中上地理課的時候，他指著地球儀上的布拉格，假裝不經意地跟女孩說：以後我們也去這裡旅行吧。青澀的感情，總是不好意思說出口，只好借著這樣的約定，表達出對未來能夠在一起的渴望。

　　女孩紅著臉岔開話題，誰也不知道那一刻她心裡想到了什麼。只是從此以後，他們一起看了很多關於布拉格的書，黃金小巷的卡夫卡書房、哥德式尖塔的教堂、藝術品一般的查理大橋……這些都一幕幕記在心裡。

　　誰都沒有說明白，但又似乎誰都明白。男孩送女孩上下學，女孩幫男孩打開水、拿飯盒。遙遠的歐洲和夢想的布拉格，雖然誰也不知道什麼時候才能抵達，但這個夢想，卻成為努力長大的最大樂趣。

　　成長的好處，在於我們將越來越能擁有自由支配人生的權利。但與此同時，每個人也都會被命運推向該去的地方。

Prague

有多少愛情都是在畢業這條分水嶺產生了不完美的結局。男孩想追求夢想，那就意味著要離開家鄉的小城，可女孩更需要安穩的生活，於是她選擇了留下。再後來，男孩在繁忙的都市裡拚命工作，慢慢和她失去了聯絡，最後誰也不知道對方的去向。

　　後來有一年，男孩過年回家鄉的時候偶遇了她。他們像兩個陌生人一樣客套地寒暄，帶著點尷尬。男孩偷偷觀察，發現女孩比從前要胖了一點，她解釋說自己兩年前就已經做了媽媽，已經不好看了。可是說這些的時候，她臉上全是幸福的笑容，眼睛也瞇成了一條縫。

　　一瞬間，他突然想不起來自己年少時為什麼會喜歡這個女孩，好像這份喜歡的心情，已經是上輩子的事了，感覺特別遙遠。但關於布拉格的豪言壯志，卻一下子想起來。那一刻的她和他，誰都沒有履行這個承諾，但他們在回憶青春的時候，都一定會不自覺地想到地球儀上那個城市的名字。

　　此時此刻，我眼前日落時分的布拉格，好像也像極了年輕時的愛情，有著人潮洶湧的熱鬧、憧憬，卻也就此將迎來人潮散去的安靜夜晚。

　　你的青春裡，也有沒能在一起的人嗎？

　　沒關係的，因為沒有遺憾，又怎能叫青春？就像全世界的雨落進全世界的海，有過交匯，哪怕就一次，也已經足夠了。

我一直相信，
那些我們珍惜的人，
離去的人，
都會以另外一種形式存在於你的生命裡。
世事無常，
努力過好現在的每一秒。

Thailand

泰國

即使總要散場，但青春一定要傾盡全力去愛、去珍惜。因為那些
曾並肩同行的人，都會是歲月裡最好的紀念。

生活其實從來不會因為你的長相變得更好或更壞，
你人生的快樂或悲哀，
取決於你的心態。

　　寫這本書的過程中，我和文子以及幾個認識了近十年的朋友，沒做任何工作安排，到清邁放了個假。

　　清邁是我去過的最安逸的小城，在這裡遊玩，很像小時候放學後一個人在街上漫無目的地閒逛。雖然是雨季，總斷斷續續下著雨，可景色很迷人。更重要的是，這裡的人們享受著自然賜予的一切，顯得那麼知足，臉上都帶著快樂、善良的笑容。

　　我們也在這趟旅行中獲得了久違的輕鬆。剛好趕上文子過生日，我們偷偷把二〇〇八年一起在青島給他過生日的朋友帶到了清邁，給了他一個巨大的驚喜。認識十年了，時光總在不知不覺中改變我們，卻也讓最珍貴的東西，經過沉澱，毫無更改。

　　我們每天在清邁的古城裡閒逛，坐著雙條車到朋友推薦的河邊咖啡館吃好吃到哭的椰子蛋糕。那天坐在沿河的座位上，大家隨意聊著天，聊到有趣的事情就一起大笑。我突然發現，這裡特別像我小時候的家鄉，有著成片的雲和乾淨的天空，河裡有魚在游，身邊有朋友的歡笑。

小時候，我是在外公外婆家長大的，和五、六戶人家一起住在一個明清時代就有的四合院裡。老房子各種設施都很破舊，但大家每天聚在一起聊天吃飯，都很開心。

院子外面不遠處有一條河，裡面有很多很多鯉魚。那時候因為年紀小、個頭也小，總覺得世界很大，每件事都很大。所以餵河裡的鯉魚吃飯，是每天都必須完成的事。

那時候放學回家，我會端著飯碗蹲到河邊，自己一邊吃，一邊將飯粒丟到河裡餵魚。一碗不夠，我就跑回家跟外婆說吃完了再要一碗。我好像能記住每條小魚的樣子，也覺得牠們都能和自己說話，於是也會講很多心事給牠們聽，丟飯粒時嘴裡還念叨著讓牠們多吃點，吃飽一點。

　　童年的時光有特別多的美好，哪怕只是坐在河邊十里長廊兩側的木頭長椅上看畫家畫老房子，也能看一下午。天氣好的時候，外公常常抱著我坐在院子裡曬太陽，讓我躺在他的腿上睡午覺。外婆則會做很多很多好吃的，衝著院子裡喊我們快進屋吃飯。

　　可如今鎮子修建得越來越好，汙染也越來越嚴重。原本清澈的河面上開始漂浮著工廠排汙流出來的油，魚一條條地死掉，氣味也非常難聞。很多人離開了這裡，再也沒有回來。

　　外公已經去世十五年了。時間，真是最殘忍的。它改變了太多，也帶走了太多。

　　我們一直忙碌地生活，拚命改變家鄉和城市。看起來好像一切都變得更好了，卻也隨之丟掉了許多再也找不回來的美好。十里長廊不見了、小魚沒有了，唯一留下的，是外公墳上他曾親手種下的三棵樹。每年回家，我都會跟外婆一起去外公的墳前，看看那些高高的樹。外婆說，以後自己走了，也要葬在這裡。我難過得說不出話來，只能握著她的手，祈禱那一天能夠晚一點、再晚一點到來。

　　後來有一次夢見外公，那天天氣特別好，小河還清澈得可以映出天上的雲。我放學後，一路跑回家，外公站在院子裡笑著看向我，對我說：回家啦？我們要準備吃飯咯。

　　醒來時我已紅了眼眶。

　　好想回到小時候，好想能在他們身邊，不要長大。

總有些匆匆一別，後會無期。

但路途中我曾與你共享過一段時光，

便是我們相遇的意義。

每次走在通往回家的路上，
都好像回到了無憂無慮的童年。

Brazil

———

巴西

回頭看看，每個人總有一段難過的日子，慶幸的是都已經過去了。

要在巴西世界盃期間前往巴西的時候，其實對於這個國家，我還一無所知。

　　因為轉機和誤點的原因，到達聖保羅足足花了四十個小時。在飛機上我的睡眠狀況很差，降落在吵吵嚷嚷的機場，穿梭在亂糟糟的城市裡，也徹底讓我的身體和精神一併崩潰，對聖保羅沒有一丁點好感。我們在酒店、大巴士之間來回輾轉，那幾天，我大概一直都皺著眉頭。

　　導遊一遍遍提醒我們要注意安全，就好像我們來到了一個糟糕、混亂的國度，這更讓我質疑自己為什麼會來到這裡。

　　從聖保羅到達里約熱內盧時，世界盃開始了。聽說，如果巴西隊輸了的話，就最好別出門，因為會被打。於是我和朋友只敢選在巴西隊贏了的那個夜晚去海邊玩。

　　那一天，到處都熱鬧無比。比賽場地附近的每個路口都停著警車，整條街道上擠滿了狂歡的人。無數人站在街頭舉著酒杯、酒瓶，臉上畫滿塗鴉，會隨便就抓個路人來一起自拍。

想去海邊，就要先穿過這一條條熱鬧的街道。人擠人往前挪動的時候，突然有個巴西人拉住我，用最簡單的英文單詞跟我說：我請你！喝酒！

　　我嚇了一跳，危機感和防備心作祟，我忙用英文撒了謊，說自己不會喝酒。

　　原以為這樣就能結束對話趕緊脫身，可他卻用肢體語言和表情一遍遍地告訴我：你等等我，別走，等著我！

然後，我就看著他一路小跑到幾百公尺之外的便利商店，買了五瓶可樂抱在懷裡跑回來送給我和我的朋友。那一瞬間，我充滿了羞愧，卻也因此放下了戒備。於是我和朋友決定不去海邊了，而是正式加入他們的狂歡中。

　　那是一個太不可思議的夜晚。因為巴西當地的通用語言是葡萄牙語，所以我們只能用最簡單的英文單詞來進行交流，即使這樣竟也聊了好久好久。

　　他說自己二十五歲了，是里約人，在這裡做一名設計師。我說自己是個攝影師，來自中國，我想記錄這世界所有的美好和孤獨。然後我向他道歉，我說：我們一起喝酒吧，乾杯。

　　然後他突然好像有重要的事情要告訴我們，急出一頭汗，可我們一句也沒聽明白，有些不明所以。直到他跑到旁邊找了個會英文的人來做翻譯，我才明白，他這麼著急，僅僅只是想告訴我們：我想和你們做朋友，能否留個聯繫方式，以後保持聯絡？

　　街上的人們依然在狂歡、唱歌、鼓掌，我也在這片熱鬧聲中，懂得了我來這裡的意義。

　　這些年，之所以喜歡在路上，一方面是喜歡所有不期而遇的驚喜，另一方面，也是旅行在幫我審視自己身上的缺點，讓我找回生活中失去的很多珍貴的東西。比如有時候我會發現，旅行中無意到達的城市，也能充滿驚喜；再比如像這一次，我被一個陌生人提醒著尋找回對世界的信任，哪怕我們已經習慣了在生活中充滿防備之心，在別人還沒靠近時就先推開別人。可是請別忘記張開雙手，去接納陌生人傳遞的友好。

　　之所以我一直走在路上，也許，這就是答案。

這幾天我總在想，
我們只顧往前走，
有時候也應該要回頭看看。
就像這個叫家的地方，
無論你走多遠，
總有人在這兒盼望著你回來。

無須捲入太多令人厭倦的是非，
結交自己喜歡的朋友，
去自己想去的地方。
這就是生活最簡單和理想的狀態。

Melbourne

墨爾本

每一次啟程，都是為了更好地回來。

每一次全新的嘗試，都是獻給未來的嶄新回憶。

墨爾本的夏天，每個人都忙著享受陽光和新鮮空氣。

來到這裡，是拍攝VISA的廣告。從攝影師變成演員，從拍平面變成拍影片，是一次全新的嘗試。

飛往這裡的時候，順理成章地帶著恐慌和忐忑，就連第一次和工作人員開會，我也一個人坐在遠遠的角落裡，害怕被人發現。

攝影這幾年，我去過很多國家和城市，這次卻是非常特別的一趟旅程。

鏡頭下的我，要騎著自行車穿行在這座陌生的城市裡，探尋當地最有特色的店舖，去很多家品質一流的咖啡館喝咖啡，在海邊的小鎮環遊，到博物館參觀，在集市裡體會墨爾本最接地氣的獨特魅力。

可與其說是一次表演，倒不如說是將自己在一座陌生城市旅行的樣子，搬到鏡頭前來。

因為是第一次嘗試，當然也會有不斷NG的鏡頭，有笑場，也有緊張。可在這個專業外國拍攝團隊的帶領下，我迅速找到了拍攝的樂趣，更在咖啡、街道、塗鴉中，體會與認識到墨爾本這座城市的獨特美好。

最後一段拍攝，是我和另一個演員在隧道裡邊走邊聊。當時攝製組安排了街頭藝人在一旁彈唱，開機時，歌聲響起，那一瞬間不知道為什麼，我突然覺得自己好像就在一個夢裡，很像走進了偶像劇，帶著點恍惚。

夜幕下，我站在河邊，看著這座城市的夜景，回憶著美好的畫面，就這樣結束了最終的鏡頭。

拍攝完成的那一刻，因為這幾天太過密集拍攝的緣故，我累得癱坐在地上，卻深深覺得能夠完成這一切，很幸福。

想起幾年前第一次為客人拍照，是和即將畢業的飛機姐姐去她的母校拍攝。那時候我們沒有太多經驗，便只好盡力多拍，甚至花了足足一整天的時間才完成整個拍攝。可或許就是因為那一次得到了飛機姐姐的包容和支持，才讓我堅定了自己對攝影這件事的熱愛，以至於走到了今天。

回想起來，在我們的生活中，總會不斷擁有全新的嘗試，而正是這些帶著新奇和挑戰的第一次體驗，豐富了我們的人生。

第一次在《愛格》寫專欄、第一次我們的團隊加入新的夥伴、第一次和工作室的夥伴去旅行……每一次都是轉折，也都帶領我，擁有嶄新的回憶。

如今這本書，也是屬於我自己的第一本書。寫它的時候，很多以為忘記了的故事，又隨著照片的整理，被重新記起。這對我來說，是今年做得非常有意義的一件事。

希望它能成為此時此刻我人生的一次紀念，也希望它是送給森林們的一份禮物，謝謝你們陪我走過這段青春，見證我很多珍貴的時刻。

我們總在謝謝時間，沒有辜負我們的努力，
但，也不要忘了謝謝自己。

有一些時刻，不說話就好。

第二章
——
歸途

浩森間浩森
Q&A

為什麼總在路上？

把在城市生活中丟掉的東西，在旅途中找回來。比如對陌生人的信任，比如收穫世界的善意，比如對生活的享受。

Q&A

人為什麼總過得匆匆忙忙？

可能是因為人不想被落下，於是覺得只有努力和匆忙，才能得到想要的生活吧。

你眼中的自己？

不隨波逐流，不繞
彎、不奉承、不虛
假，為愛的人們和
自己而活。

Q&A ——————————

你如何看待「比較」？

攝影這幾年，總會有人和我
講：誰誰誰怎樣，誰誰誰又
怎樣了。我的回答總是：哦。
因為我覺得，好好做自己的事
情，拍喜歡的照片，去想去的
地方，珍惜身邊的人，隨手幫
助陌生人，這些才是重要的。
如果真的要比較，可能到老去
的那一天都在比吧，那樣的人
生真沒勁。

Q&A

為什麼攝影？

因為想記錄眼中的美好。攝影
能定格瞬間，永遠被保存。

Q&A

你覺得生活中最重要的是什麼？

我覺得是感恩和知足。父母給我們生命，養育我們成人；社會給我們磨鍊，教會我們成長。在大理時，我和好朋友感慨：生命其實特別短暫，而我們為什麼要花時間在不快樂的事情上呢？為什麼不去好好珍惜生命中已經擁有的最好的一切呢？

理想的生活狀態？

每天早上醒來時，喜歡
的人都在身邊。

Q&A

拍了這麼多年，你最喜歡的一張照片是？

我和外婆用手機自拍的合影。

你心裡關於愛情最好的狀
態是什麼樣子？

窩在家裡各自看書，或者
是並肩看遠方，心裡都會
覺得：有你在，真好。

Q&A

除了攝影，還有別的夢想嗎？

我想擁有一家小店，它有大大
的落地窗，空氣裡飄散著美妙
的咖啡香，有好吃的食物，還
有一群懂我的朋友。

第三章

TO YOU

寫給外婆

　　記得小時候，鄰居總愛問，你更愛爸爸還是媽媽呀？我總是很認真地回答：我更愛我的外婆。

　　直到現在，也沒變過。

　　我出生以後父母因為忙生意，把撫養調皮搗蛋的我長大的任務就交給了外公外婆。我捉魚爬樹沒少幹，更別提常常氣得她老人家落淚的事了。我欺負鄰居家的小孩，鄰居看不慣外婆對我的溺愛，叫來父母理論。父母責備外婆的教育有問題，她委屈得背過身去偷偷擦眼淚，卻從不埋怨我，只說孩子長大就會懂事的。我問外婆，小時候為我受了那麼多委屈，妳為什麼從不揍我？外婆笑得眼淚都要流出來了，她說：是啊，你小時候真是太調皮了，但你是外婆親手帶大的，是外婆的寶，外婆捨不得啊。

　　現在外婆老了。

　　她不像過去那般手腳麻利，腦袋也變得有些糊塗，一直愛重複同樣的話題。我每個月回去看她，她就把家裡從小到老，對每個人的擔心都說一遍。擔心我在外面飛來飛去不安全，擔心我舅舅工作太忙沒有按時吃飯，擔心表哥沒有結婚，擔心我媽太大條照顧不好爸爸和工廠。

　　我每次就這麼安靜地聽外婆念叨，每次回去，也都是這些同樣的話，但看著外婆絮絮叨叨的樣子，我覺得好幸福。小時候太調皮，長大後又開始叛逆和任性，能這麼安安靜靜聽老人家嘮叨的時間並不多。那時覺得外婆太囉唆，這幾年越來越忙，陪在外婆身邊的時間也越來越少，這才明白老人家一個人生活一定很寂寞。

　　外公去世很多年了。

　　那天她沒有流眼淚，她總是很倔

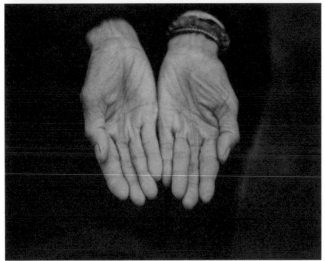

強地說，這樣才能讓外公安安心心地離開，不會留戀這個人世，好好去輪迴。我小的時候不懂，只依稀記得當時的她眼裡閃著淚光。現在想來那是一種多麼偉大的愛啊，儘管他們平時沒有甜言蜜語，可這樣的愛早就滲入了長長久久的生活裡。

• 外婆一個人生活了快十七年。

• 漸漸地，所有人都搬離了那個養育了他們的小鎮，只剩下她一個人不願離開。

小時候外婆拉扯我長大，雖然我調皮，但也總是陪在她身邊。後來我一個人在外求學，畢業後去了北京，後來又回了

• 杭州，連我都已經離開她十五年了。

在北京那會兒，我很少有時間回老家看她，但逢年過節也都打電話讓家裡人回去陪陪外婆。家裡人總是讓她搬到城裡一起住，可外婆就是倔強地不願意離開。

二〇一四年年底，外婆生了一場大病。那兩個禮拜她都只能躺在病床上，虛弱得像一個需要被人保護的孩子。

我每天都在醫院陪她，看著她因為病痛難受而呻吟，握著她布滿褶皺且乾枯的手，心中滿是愧疚。外婆把全部的愛給了我，我卻沒有辦法讓她在這個時候好受一點點。

我準備回杭州的那天，讓朋友載我去醫院和外婆道個別。我輕輕走到病床邊，握著她的手，心中滿是不捨。外婆說：走吧，別擔心我了，老人家身體就這樣，你好好去外面賺錢，好好照顧自己。

走出病房後，我站在走廊上哭了好久。那段時間我在自省，滿是自責，在外面忙忙碌碌，回去看她的時間那麼少，有時候有時間也因為怕麻煩和貪玩沒有回去看她。趁著還有機會，一定要好好彌補這些年我欠下的時光。

外婆信佛，燒香拜佛已經幾十年了。我總出行在外，她便會對我說：放心去吧，心裡有佛就好。外婆每天都會給你念經祈禱，你一定會平安快樂的。

這幾年會帶朋友回去看她，她總會準備好豐盛的飯菜，備好我喜歡吃的食物和水果。滿滿一桌，連同朋友的那份也都一起備上。她總喜歡自己張羅晚飯，總會說，太老了眼睛不好使了，不知道鹽會不會放多了。我知道她的這份愛，她是想趁還活著給她最愛的外孫多做幾頓飯。有時候吃著吃著眼淚就會不自覺地流出來，以前覺得平常的飯菜現在卻變得那麼可口和珍貴。

現在只要我有一小段時間就都會回去陪外婆。

親愛的外婆，把餘生交給我吧。

我最愛妳。

下一次，想親口告訴妳。

寫給文子

現在是上午十一點，我們面對面坐著。你威脅我稿子再不寫完，就不要出門了。

然後，你「劈哩啪啦」地敲著鍵盤，開始工作。

抬頭看看這個認真工作的「老傢伙」，突然心生好多感慨：我們居然認識十年了。

在我曾經輕狂的少年時代，真的從來沒有想過會和另外一個朋友一起「過」這麼久，這樣的朋友其實早已變成親人了。

第一次見到文子的時候，心裡默默覺得：嗯，這個人長得很善良，戴著眼鏡斯斯文文。嗯，應該也很會讀書。其他就沒有別的過多印象了，更不會想到這樣一個陌生人會對自己的人生產生這麼大的影響。

大學一畢業就跑去北京跟文子混了，完全沒有考慮過今後的工作問題。找工作的那兩個月正好是夏天，每天擠充滿汗臭味的地鐵去面試，後來就漸漸厭倦了充滿世俗的社會規則。

文子說：你既然這麼喜歡拍照，那

不如就去拍照吧，我來策劃巡拍。就因為這樣的一句話，讓現在看著這本書的你認識了我。

後來他也辭了職，我們一起成立MOON工作室，一起拍了很多照片，一起坐過很多次飛機，一起經歷了數不清的長途旅行。

記得去年我們坐在冰島的咖啡館裡，外面下著大雪，四面都是白茫茫的雪。我們喝著熱咖啡，討論著下一站的規劃和旅行。我感慨：真的從來沒有想過有一天我會過這樣的生活。

他說：還滿意嗎？

我點點頭。

所以真的，謝謝你，我最親愛的朋友。

沒有你，一定沒有這麼好的MOON和我。

我這個人說不出太多煽情的話，但來日方長，未來一起加油吧！

寫給丟丟 & 撲吧

現在的我，每天醒來第一件事，就是餵撲吧和丟丟吃飯。而每天回到家，第一件事也是把牠們倆抱在懷裡。

以前很想養貓咪，卻從未想過會養什麼樣的。可是或許，這也是我們之間的緣分吧。

丟丟的媽媽是社區裡的流浪貓，是工作室小夥伴的老師收養了牠。然後在丟丟出生不久後，老師因為要出國，需要找人領養丟丟。起初我們怕照顧不好，因為剛來的時候牠只有巴掌那麼大，每天躲在鞋櫃下「喵喵」叫，特別可愛。

慢慢地，丟丟習慣了我們的陪伴，牠成了工作室的吉祥物。在我眼裡，丟丟算是全世界最美的家貓了。去年丟丟從四樓摔下去，我當時正在日本，小夥伴怕我擔心，所以沒告訴我。回來時看到牠蜷縮在角落裡，因為疼痛，很小聲地叫著，眼淚汪汪地看著我。

那一刻，我的眼淚忍不住流下來。我明明是一個那麼隨興自由的人，卻因此而心甘情願多了一份責任與愛。

後來我們又領養了撲吧，也好給丟丟做個伴。撲吧小時候被賣給一戶人家，卻遭受了虐待，於是被主人領走之後，又被我們帶回了家。

丟丟

撲吧

牠對這個新環境充滿了好奇，這裡撲一下，那裡撲一下，我說就叫撲吧吧，於是這就成了牠的名字。

撲吧可能因為受過虐，牠一直帶著感恩的心在工作室生活，一點脾氣都沒有。牠餓了就一直黏著你的腳，輕輕地叫著。如果你心情不好，有點脾氣，我想，只要你看到撲吧圓滾滾的大眼睛，你都會軟下性子，心情變好起來。

如今，這兩個小傢伙已習慣了這裡的一切，常常可以看到牠們在各個角落裡睡覺、吵鬧、撒嬌、奔跑，好像牠們才是工作室的主人。

生活中有了這兩個寶貝，真好。

那天我開車到機場去接牠，在此之前我甚至都不知道牠的樣子。負責物流的人遞給我一個密封得嚴嚴實實的箱子，我敲了敲，裡面一點動靜也沒有。於是我趕緊開車回了家，迫不及待地把外面的紙盒剝開。裡面是一個鐵絲做的盒子，撲吧睜著兩隻圓滾滾的大眼睛看著我，小心翼翼地走出來，吃完我倒給牠的貓糧。過了一會兒，牠就「嗖」一下躥到床上跟我玩兒。

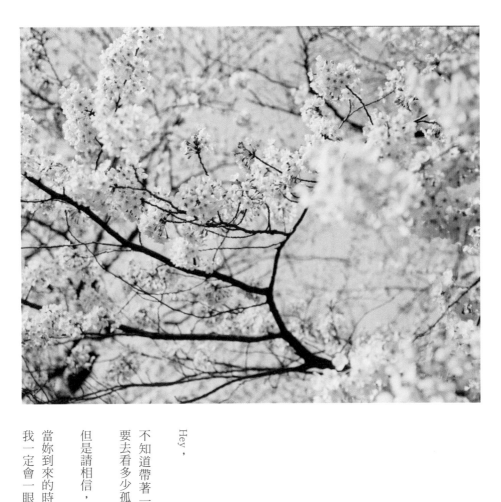

寫給她

Hey，

不知道帶著一顆喜歡妳的心，
要去看多少孤獨的風景。

但是請相信，

當妳到來的時候，
我一定會一眼就認出妳。

寫給自己

　　以前的你總是躲在自己構建的世界裡活著，聽著自己的歌，寫著自我的文字，拍著自己喜歡的照片。

　　現在的你一定是人生最好的階段，真誠坦然，不湊熱鬧，朋友不多。你依然熱愛生活，喜歡拍照，喜歡旅行。

　　未來的你會怎樣我不知道，但希望回過頭的時候能夠看到一個精采的人生，沒有覺得生命被浪費。

　　你一定也會遇見許多困難，遇見許多還是陌生人的朋友。嗯，按照自己的內心去生活、去好好享受你的人生吧，加油。

寫給森林

親愛的森林：

　　這些年，我為別人拍過太多照片，也成為太多照片中的主角。

　　最近常常覺得是時候不再拍了，但想起你們給我的愛，又貪心得捨不得告別。

　　我上輩子一定積攢了很多福氣，所以這輩子才有機會和這麼多的你們相遇。這麼平凡的一個我，只是做著自己喜歡的工作而已，卻收穫了你們無私的愛與力量。

　　每一次見面，每一條微博留言，每一聲加油，都是這些年陪伴在我身邊的習慣。

　　可是，我需要有新的嘗試和突破，也就意味著要先告別過去，才能迎接未來的自己。

　　所以這一次，我想用這本書來記錄我做攝影師和模特兒以來的最初和現在，它也將是一次我在青春片裡的謝幕，帶著憂傷與遺憾，帶著你們的愛，去面對未知的自己。

　　不要傷感。

　　因為成長，總是需要面對前行和分離的。而我，不是這世界上唯一的一棵樹木，只是森林裡的一部分，而你們每個人，都值得擁有一片森林。

　　這也是這本書書名的意義。

　　也許有一天，我們會在世界上未知的角落相逢，期待你走上前告訴我：Hey，金浩森，我曾看過你的照片。

　　到那時，我依然會想起這片森林，然後用力給你一個擁抱。

　　謝謝你。

第四章

——

浩森

Jason

P076—077攝影：房凱
P122—123攝影：那岩
P158—165攝影：暴暴藍
P182—191攝影：Aaron sky
全書餘下圖片攝影：文子

特此鳴謝

國家圖書館出版品預行編目資料

人山人海裡,你不必記得我 / 金浩森著. -- 初版.
-- 臺北市：皇冠，2018.11
　　面；　公分 . --（皇冠叢書；第 4723 種）(有
時；5)
ISBN 978-957-33-3407-1(平裝)
1. 旅遊 2. 世界地理 3. 攝影集

719　　　　　　　　　　107017384

皇冠叢書第 4723 種
有時 5

人山人海裡，
你不必記得我

作　　者—金浩森
發 行 人—平雲
出版發行—皇冠文化出版有限公司
　　　　　台北市敦化北路 120 巷 50 號
　　　　　電話◎ 02-27168888
　　　　　郵撥帳號◎ 15261516 號
　　　　　皇冠出版社 (香港) 有限公司
　　　　　香港上環文咸東街 50 號寶恒商業中心
　　　　　23 樓 2301-3 室
　　　　　電話◎ 2529-1778　傳真◎ 2527-0904
總 編 輯—龔橞甄
責任主編—許婷婷
責任編輯—陳怡蓁
美術設計—王瓊瑤
著作完成日期—2015 年 10 月
初版一刷日期—2018 年 11 月

法律顧問—王惠光律師
有著作權 • 翻印必究
如有破損或裝訂錯誤，請寄回本社更換
讀者服務傳真專線◎ 02-27150507
電腦編號◎ 569005
ISBN ◎ 978-957-33-3407-1
Printed in Taiwan
本書定價◎新台幣 380 元 / 港幣 127 元

•皇冠讀樂網：www.crown.com.tw
•皇冠 Facebook：www.facebook.com/crownbook
•皇冠 Instagram：www.instagram.com/crownbook1954/
•小王子的編輯夢：crownbook.pixnet.net/blog